NOTICE BIOGRAPHIQUE

SUR

PIERRE-AIMÉ LAIR

SÉANCE D'INAUGURATION

DU

BUSTE ÉRIGÉ A LA MÉMOIRE

DE

PIERRE-AIMÉ LAIR

NOTICE BIOGRAPHIQUE

LUE

AU NOM DE LA COMMISSION

Chargée de recueillir les souscriptions pour l'érection de ce Buste

PAR

M. G. MANCEL

Secrétaire de la Commission

CAEN

IMPRIMERIE EUGÈNE POISSON

Rue Froide, 18

1859

NOTICE BIOGRAPHIQUE

PIERRE-AIMÉ LAIR.

M. Lair fut, comme Montyon, un de ces hommes dont la vie, toute entière vouée au bien, n'a besoin que d'être racontée pour faire naître un sentiment de sympathique admiration. Un récit simple et sans ornement suffit pour leur éloge.

Noël-Pierre-Aimé Lair naquit à Caen, le 21 mai 1769, d'une famille déjà illustrée par les frères Porée, et dont les ancêtres maternels avaient contribué à doter le pays d'une industrie qui fait aujourd'hui sa richesse, l'industrie des dentelles. Après qu'il eut fait de bonnes études à Paris, dans le collége de Lisieux [1], sa famille, qui le destinait à la magistrature, l'engagea, dès qu'il eut acquis le grade de bachelier en droit, à entrer, en qualité de clerc, chez le procureur au Châtelet Dufrénoy.

On n'eût pas mieux choisi si l'on eût cherché à détourner le

[1] Le collége de Lisieux, rue Saint-Jean-de-Beauvais, à Paris, était ainsi nommé parce qu'il avait été fondé en 1336 par Guy d'Harcourt, évêque de Lisieux.

jeune étudiant de la carrière qu'on semblait vouloir lui faire
embrasser. Dufrénoy, en effet, était riche et homme de plaisir ;
sa femme, qui s'acquit plus tard une réputation méritée de
poëte, était répandue dans les salons les plus brillants de la capitale. On sentait dans sa maison comme une atmosphère lit-
téraire. La Harpe, Marmontel, Thomas, Condorcet, Chamfort,
Fontanes, Delille, les deux Chénier, étaient souvent de ses
soirées et venaient brûler leur grain d'encens auprès de la
divinité du lieu. Pierre-Aimé Lair, admis dans cette société,
y puisa l'urbanité, le bon ton, les manières, l'aménité de caractère et la bienveillance d'expression dont tous ceux qui
l'ont connu ont eu depuis des preuves répétées ; en revanche,
il ne fit aucun progrès dans la science de Cujas et de Barthole,
comme on disait encore à cette époque. Si bien que lorsque,
en 1792, le procureur, ruiné par les événements, fut obligé de
fermer son étude devenue inutile par suite de la suppression
du Châtelet, son élève eût pu, au besoin, être un homme de
lettres assez passable, si la littérature eût été bonne à quelque
chose dans ce moment, mais n'eût fait qu'un fort médiocre
jurisconsulte.

Abandonné à lui-mème, Pierre-Aimé Lair fréquenta les cours
de Laurent de Jussieu et de Desfontaines, sans plus se préoccuper
des fluctuations de la politique que si la nation eût joui du
calme le plus profond. Tout ce qui ressemblait à une lutte
lui répugnait. Aussi, quand il se vit atteint par la réquisition
profita-t-il du décret qui mettait à la disposition du ministre
de la guerre tous les chirurgiens et médecins depuis l'âge de
dix-huit ans jusqu'à celui de quarante, et commença-t-il à

suivre assidûment les leçons de Desault à l'Hôtel-Dieu, et celles de Corvisart à la Charité. Par malheur, les commencements des études médicales sont rudes et difficiles; Pierre-Aimé Lair se trouva mal en assistant à la première opération, et c'en fut assez pour changer une détermination que les circonstances seules lui avaient suggérée.

Cependant il était plus aisé de renoncer à la médecine que de se soustraire à la réquisition. Pierre-Aimé Lair prit un parti désespéré, aux yeux de bien des gens, mais, en réalité, tout à fait en harmonie avec ses goûts. Chargeant ses épaules d'un sac de voyage et saisissant un bâton, il se mit à parcourir à pied, d'abord la France, puis une partie de l'Europe, obligé de vivre avec la plus stricte économie, et puisant dans sa résolution, dans sa bonne humeur et sa facilité à prendre la vie telle qu'elle se présentait, une énergie supérieure à tous les accidents.

C'est ainsi que, pendant quatre années consécutives, il visita la France, la Belgique, les bords du Rhin, la Hollande et l'Allemagne, et décrivit ce qu'il jugea le plus intéressant de ses voyages. Une *Description des jardins de Courset aux environs de Boulogne-sur-Mer*, publiée en 1813 [1], fait regretter qu'à cette époque M. Lair n'ait pas jugé à propos de mettre la dernière main à ses nombreuses notes et de les faire imprimer. Il se contenta de les communiquer à l'auteur du *Précis de Géographie Universelle* qui, à la vérité, en a tiré profit.

---

[1] Cette brochure, qui parut en 1813 sous le titre de *Notice sur les jardins de M. du Mont de Courset, situés aux environs de Boulogne-sur-Mer*, a eu deux autres éditions sous ce nouveau titre, en 1814 et 1836.

M. Lair avait trente ans lorsqu'il revint en Normandie pour s'établir dans la maison maternelle. Il apportait avec lui une grande expérience, fruit de ses voyages et des relations qu'il avait eu soin de contracter avec les hommes distingués, tant en France que dans le reste de l'Europe, mais complétement étranger dans sa ville natale, et à peine connu de nom par les savants débris de l'Université qui avaient conservé à Caen, dans le petit cercle qu'ils composaient exclusivement, les traditions de la science dont eux seuls se préoccupaient au milieu de l'agitation générale. Le nouveau venu, favorablement accueilli par le naturaliste Desmoueux, fut présenté par lui à ses amis, et bientôt, encouragé par leurs suffrages, il fit paraître un livre qui commença sa réputation.

L'*Essai sur les Combustions Humaines produites par un long abus des liqueurs fortes*, imprimé à Paris en 1800 [1] et dédié à Alexandre Brongniart, eut un grand retentissement ; écrit simplement, avec clarté, dans un but moral plutôt que médical et physiologique, il fut lu avec intérêt et obtint les honneurs d'une traduction allemande. Combattu par Henri Kopp dans deux ouvrages successifs, et par le docteur Chirac, il n'en devint pas moins pour ainsi dire classique à cause de la nouveauté du sujet et des questions qu'il soulevait. Le grand *Dictionnaire des Sciences Médicales*, bien que n'admettant pas entièrement ses inductions, lui a emprunté une partie des faits qu'il avait consignés.

---

[1] M. Lair a donné une seconde édition de ce livre en 1823 ; il est à regretter qu'il ne l'ait pas augmenté des nouvelles et nombreuses observations qu'il avait recueillies.

Ce fut à peu près vers le même temps que le général Dugua, préfet du Calvados, jugea à propos de rétablir l'Académie de Caen. M. Lair y fut admis parmi les membres fondateurs. Le savant Fourcroy lui fit un semblable honneur quand, envoyé en mission dans le département, il y reconstitua la *Société d'Agriculture et de Commerce.*

Uu an plus tard, M. Lair était nommé secrétaire de cette importante Société, et, constamment réélu depuis, il en a rempli les fonctions pendant près de cinquante-deux ans.

A partir de ce moment, la mission de M. Lair se trouva tracée. Chaque fois qu'il avait voulu entrer dans une carrière libérale, un hasard malencontreux l'en avait repoussé ; il se décida à n'être qu'un homme utile, et il le fut dans la plus noble acception du mot. Sa fortune, son temps, sa vie entière sont voués au service et au bien-être de ses concitoyens, auxquels il sacrifie même ses habitudes les plus douces, ses intimités, formées à Paris avec Cuvier, Laplace, Duméril, Chaptal, Berthollet, Huzard, Sylvestre, Brongniart, les deux Desfontaines, Percier ; il les néglige pour se consacrer à l'œuvre qu'il tient à accomplir. Cette œuvre n'est autre que la glorification de son pays natal et son développement commercial, artistique et intellectuel.

En 1803 et 1806, il fait prendre un nouvel essor à l'industrie du département du Calvados, en organisant des expositions publiques—les premières qu'on ait eues en province—des produits de cette industrie. Le zèle qu'il déploie est apprécié, et il devient adjoint au maire en 1809. Il profite de ce poste, si favorable à qui veut faire le bien, pour improviser une nouvelle exposition en 1811 , lors du passage à Caen de l'empereur Napoléon et de l'impératrice Marie-Louise. Ces exhibitions ne furent pas un vain spectacle propre seulement à distraire la foule. Un admirable élan d'émulation anima nos fabriques, et c'est de cette époque qu'on doit faire dater l'immense développement du travail de la dentelle dans nos contrées, la prospérité de la papeterie, de la bonneterie, et surtout de la tannerie, qui, depuis un demi-siècle, avait peu à peu dégénéré en routine. Les résultats des expositions de 1819 et de 1834, provoquées encore par M. Lair, en constatant les progrès de l'industrie et des arts en Basse-Normandie , démontrèrent de nouveau les avantages que l'on peut retirer de telles solennités.

Cependant M. Lair n'oublie pas les intérêts de l'agriculture. Personne n'ignore que son influence fut d'un grand poids dans les heureux essais qui furent tentés pour l'introduction du blé *lammas* et du colza en Normandie. N'eût-il que ce titre à la reconnaissance publique, qu'il serait déjà jugé digne du nom de bon citoyen. Grâce à lui, la culture des pommes de terre prit aussi une plus grande extension. Il appelait souvent l'attention de ses collègues de la Société d'Agriculture sur ce sujet, et par la publication de deux brochures répandues à profusion dans les campagnes [1], il parvint à détruire les préjugés qui faisaient repousser, dans certains cantons, une plante alimentaire qui

---

[1] Ces brochures ont pour titres : *De l'utilité de la culture des fèves et des pommes de terre dans le département du Calvados*, Caen, 1812, in-8°. — *Rapport sur l'utilité de la culture des pommes de terre dans le Calvados*, Caen S. D.), in-8°.

présente tant d'avantages. Son zèle le porta aussi à seconder les efforts, couronnés de succès, que firent MM. de Livry, d'Aubigny, de Morand, de Grandclos, et, à leur tête, M. de Polignac, pour l'introduction des moutons mérinos dans le pays.

Une brochure qu'il publia sur *la Pêche, le Parcage et le Commerce des huîtres en France* [1] prouve qu'il jugeait digne de ses études tout ce qui pouvait intéresser sa patrie et servir à l'accroissement de sa richesse.

Enfin il lut dans les séances de la Société d'Agriculture et fit ensuite imprimer une série de notices sur d'anciens membres ou des membres encore existants de la Compagnie : sur Moisson de Vaux, savant botaniste et administrateur éclairé ; sur le vétérinaire Gagnerot, mort victime de son art, au moment de recueillir les fruits de son travail ; sur l'arboriculteur Darthenay ; sur l'industrieux Desétables et sa fabrique de papier des Vaux-de-Vire ; sur le luthier Guillaume Lebreton ; sur Le Berriays, collaborateur de Duhamel du Monceau et auteur du *Nouveau de la Quintynie* ; sur de Janville, tour à tour militaire, magistrat et maire de Caen, et qui, dans ces carrières si diverses, sut toujours se maintenir à la hauteur de l'emploi qu'il avait accepté ; sur Leclerc de Beauberon, théologien dont le nom est resté célèbre, et qui fut un des derniers recteurs de l'Université de Caen. Le nombre et la fréquence de ces opuscules, publiés de 1803 à 1813 [2], excitèrent quelques railleries de la part de ces hommes frivoles qui, n'ayant aucun mérite, rient aux dé-

---

[1] Cette brochure, écrite depuis longtemps, ne parut qu'en 1820, in-8°.

[2] La notice sur Moisson de Vaux fut publiée à Caen en 1803, in-12 ; les autres le furent en 1807, 1808, 1809 et 1813, in-8° ; elles ont été réunies

pens de celui des autres. Il fut loin de s'en offenser. En retraçant la vie de ces hommes qui avaient illustré la Province, en reproduisant de nobles caractères, en faisant ressortir les avantages du bon et du beau, il était parvenu à ranimer dans les cœurs les sentiments d'une généreuse émulation ; il avait atteint son but.

M. Lair avait été nommé conseiller de préfecture en 1811, et il avait été heureux de cette faveur impériale, qui lui donnait un pied dans l'administration du Département et lui fournissait un moyen de plus d'exercer et d'étendre son influence sur des intérêts qui lui étaient chers. Les événements politiques entravèrent néanmoins pendant plusieurs années ses bonnes intentions ; mais ces années compteront dans son existence

et réimprimées en 1830, Caen, Poisson, in-8°. — M. Lair publia aussi, en 1813, une *Description de l'ouverture de l'avant-port de Cherbourg*, Caen, in-8°.

Outre ces brochures et celles que nous avons mentionnées précédemment, M. Lair a fait imprimer :

1° *Discours adressé aux commerçants notables de Caen, convoqués le 26 avril 1810, pour procéder à la nomination des juges du tribunal de commerce de cette ville*, in-8° ;

2° *Fête décennale de la Société d'Agriculture et de Commerce de Caen, célébrée le 1er août 1811*, in-8° ;

3° *Bains de Bagnoles, département de l'Orne*, 1813, in-8° ;

4° *Rapport fait à la Société Linnéenne de Normandie, dans sa séance du 31 mars 1828, sur un discours composé par M. Bruguière, baron de Sorsum, etc.*, in-8° ;

5° *Rapport sur les voyages de M. d'Urville, lu à la séance publique de l'Académie de Caen, le 19 avril 1828*, in-8°.

Il a donné aussi plusieurs articles aux *Annales des Voyages*, de Malte-Brun ; au *Nouveau Dictionnaire d'Histoire Naturelle*, de Déterville, et à la *Biographie Universelle* de Michaud.

par les services qu'il rendit aux artistes, aux hommes de lettres, aux industriels et aux classes souffrantes.

La paix lui permit enfin de réaliser un projet qu'il avait conçu dès le jour où il abandonna la vie nomade pour se fixer à Caen. Il était convaincu que le meilleur moyen de glorifier une nation était de rendre à ses grands hommes les honneurs qui leur étaient dus; c'était là son genre particulier de patriotisme. Il était fier d'être Normand, il tressaillait d'orgueil quand il entendait prononcer les noms de Guillaume-le-Conquérant, de Malherbe, de Corneille, du Poussin. Celui de Malherbe, entre tous, de Malherbe, *l'éternel ornement de la France,* comme l'a si bien dit Segrais, excitait son enthousiasme. N'avait-il pas pris naissance dans la ville sur laquelle M. Lair avait concentré toutes ses sympathies? Ne jetait-il pas sur elle un lustre à jamais éclatant? Aussi lui avait-il voué un véritable culte.

Le vœu ardent de M. Lair était de lui faire élever une statue. Il avait formulé cette pensée dès 1803, il la reproduisait sans cesse, mais il rencontrait d'insurmontables obstacles; l'époque n'était pas encore mûre pour ces sortes d'hommages rendus par la postérité aux morts célèbres. Alors, M. Lair se décide à restreindre son projet. En 1815, il propose une souscription dont l'objet est de frapper une médaille en l'honneur du réformateur de la poésie française; sa liste se couvre de signatures, les noms les plus illustres viennent s'y joindre. Disons pourtant qu'il eut à vaincre bien des difficultés pour obtenir ces dernières adhésions. Il tenait avant tout à avoir la signature de chacun des membres de l'Institut, et il racontait lui-même combien il eut de peine à y parvenir. L'histoire de son entrevue avec Chateaubriand est une vraie scène de comédie : il employa la ruse et la contrainte pour enlever le consentement de l'auteur du *Génie du Christianisme.*

A la fin la médaille de Malherbe fut frappée, et M. Lair eut l'honneur de la présenter au roi Louis XVIII. Dans cette circonstance, il obtint un double résultat. Outre l'accomplissement du désir de notre compatriote, la publicité donnée à la médaille fit surgir le nom d'un graveur distingué, celui de M. Gatteaux, depuis membre de l'Institut, et suggéra l'idée de la *Galerie Numismatique,* série de cent vingt médailles consacrée aux artistes, aux littérateurs et aux savants, entreprise vraiment nationale, qui fut appuyée par les ministres Laîné, Richelieu et de Cazes, et dont M. Lair fut un des plus ardents promoteurs.

Malgré le succès de la médaille de Malherbe, M. Lair ne se crut pas quitte envers lui. Il fit placer une plaque de marbre sur sa maison avec une inscription qui devait rappeler au voyageur le lieu de naissance du poëte de Henri IV ; il fit couler son buste en plâtre et le plaça dans divers établissements publics, et ce fut pour lui un jour de triomphe quand, le 5 août 1847, la statue en pied de son grand homme de prédilection fut élevée sur la place de l'Université de Caen. Pour parvenir à l'érection de cette statue, M. Lair avait donné une somme considérable, et avait retrouvé toute l'activité de sa jeunesse afin d'obtenir un nombre suffisant de souscriptions.

Depuis 1815 jusqu'à 1852, il ne s'est pas fait une chose utile dans la ville de Caen ou dans le Département, que M. Lair ne l'ait provoquée, organisée ou soutenue de ses démarches ou de ses deniers.

En 1823, il concourt avec M. de Caumont à la fondation des sociétés *Linnéenne* et des *Antiquaires de Normandie*.

En 1827, il fonde, avec M. Spencer Smith et plusieurs autres amateurs de musique, la *Société Philharmonique*, dont il fut longtemps le président.

En 1832, il coopère, avec M. de Caumont, à l'organisation de l'*Association Normande*.

Il préside, en 1833, la deuxième section du premier *Congrès Scientifique*.

Il se joint, en 1835, à M. de la Chouquais et à plusieurs autres personnes charitables pour faire ouvrir dans le faubourg de Vaucelles les premières salles d'asile.

Il appelle ensuite à Caen les sœurs de la Miséricorde et fait les frais de plusieurs crèches.

Il provoque, en 1836, l'ouverture d'une exposition de peinture.

Il est un des principaux actionnaires pour la construction de la salle de spectacle, commencée en 1836 et inaugurée en 1838.

En 1837, de concert avec M. Caillieux, à force de démarches, il obtient du gouvernement l'établissement des Courses de Caen. Secondé par quelques hommes qu'il anime de son zèle, il se concilie la faveur du conseil général du Calvados et celle du conseil municipal de la ville; il entraîne les plus récalcitrants, et une *Société des Courses* se trouve formée sous la direction de l'autorité municipale, qui se décide à accorder de larges subventions à l'association naissante.

Son grand âge ne l'empêche pas de prendre part aux débats

que soulève la question du chemin de fer de Paris à Cherbourg, en 1845.

Mais ce n'était pas assez pour M. Lair d'avoir contribué à jeter les bases d'établissements utiles, il fallait, en même temps, perpétuer, accroître et développer leur action.

La *Société d'Agriculture et de Commerce de Caen* jugea à propos, en 1832, de mettre au concours la question suivante : *Quel est le moyen le plus avantageux et le moins dispendieux d'établir à Caen des réservoirs dont les eaux entretiendraient des fontaines publiques dans tous les quartiers de la ville et en tout temps.* M. Lair se chargea des frais de la médaille, qui primitivement devait avoir une valeur de 300 fr. ; mais le concours ayant été ouvert de nouveau en 1837, puis en 1852, le prix se trouva porté à 700 fr. Il fut gagné par M. A. Lavalley-Duperroux. L'Administration Municipale, répondant depuis au vœu de la Société et de M. Lair, a montré en construisant à Gémare, sur le cours de l'Odon, une machine hydraulique pour la distribution des eaux dans la ville, qu'elle n'avait pas été sourde à l'appel réitéré du corps savant et de son honorable doyen.

M. Lair fit encore les frais, en 1834 et 1836, de deux médailles données par la Société Philharmonique de Caen à M. J.-F. Porte, auteur d'un mémoire sur *Les moyens de propager le goût de la Musique,* et à Mlle Chuppin, pour son consciencieux travail sur *l'État de la Musique en Normandie depuis le IXe siècle.*

C'est à M. Lair que l'Académie de Caen doit aussi les prix qu'elle décerna aux éloges du général Decaen, de Choron, de Dumont-d'Urville et des deux Porée.

Il contribua aussi pour une bonne part au prix accordé à

M. Hippeau par la *Société des Antiquaires de Normandie*, pour son *Histoire de l'abbaye de Saint-Etienne de Caen.*

C'est surtout dans les concours agricoles, dont le premier eut lieu en 1835, que M. Lair fit paraître tout ce que l'amour du bien public peut éveiller d'énergie chez un homme dévoué. Il se multiplie ; les primes, au commencement peu nombreuses et d'une valeur minime, deviennent d'année en année plus considérables. Appliquées d'abord au simple labourage, elles s'étendent, peu à peu, aux domestiques de fermes, à la bonne tenue des fermes, aux exploitations. Accueillies froidement à leur début par les populations, ces solennités sont aujourd'hui devenues nécessaires, et leur retour périodique est attendu avec impatience par les habitants des campagnes.

Ce qu'il a fait pour Malherbe, M. Lair a tenu à le faire pour les autres hommes illustres de la Province. A Caen, par ses soins et à ses frais, des inscriptions sur des plaques de marbre rappellent l'emplacement de la maison où naquit Malfilâtre et signalent la demeure de Duval de Mondrainville et celle de Choron ; le lieu de naissance de Laplace, à Beaumont-en-Auge, reçoit le même honneur ; il en est de même pour Jean Marot et Rouelle à Mathieu, pour Alain Chartier à Bayeux, pour Thouret à Pont-l'Evêque, pour Basselin à Vire.

M. Lair se trouvait comme naturellement porté à la tête de toute entreprise, quand il avait reconnu que cette entreprise pouvait augmenter le bien-être général. Il était tout à tous, pourvu que celui qui s'adressait à lui eût quelque mérite ou fût malheureux. L'homme de talent, il l'encourageait ; le malheu-reux, il le secourait. Notre intention n'est pas d'entrer dans sa vie privée, mais nous voudrions le faire que nous aurions un volume à écrire, rien qu'à énumérer les services personnels qu'il a rendus, les misères qu'il a soulagées.

Cependant M. Lair commençait à ressentir les infirmités de la vieillesse. Il s'était difficilement remis d'une grave maladie contractée, en 1837, à la suite des fatigues qu'il avait éprouvées lors de l'inauguration des courses de chevaux. Après la Révolution de février 1848, on répandit le bruit qu'il allait perdre sa place de conseiller de préfecture à laquelle il tenait beaucoup. Il en fut vivement affecté ; le commissaire du Gouvernement Provisoire ayant eu connaissance de ces appréhensions s'empressa de les détruire : « Je vois, lui dit-il, que vous partagez « l'inquiétude de vos amis sur l'avenir de votre place, ras- « surez-vous ; il est des hommes près desquels les révolu- « tions passent sans les atteindre, et vous êtes un de ces « hommes. »

Hélas ! ce que cet administrateur n'avait même pas eu la pensée de faire, un autre l'exécuta, M. Lair fut remplacé au commencement de l'année 1852. Ce fut pour lui un coup terrible dont il ne se releva pas. Le souhait de toute sa vie avait été de mourir à son poste. « Quand je m'arrêterai, « avait-il dit, je serai un homme perdu. » En vain fut-il nommé conseiller honoraire et officier de la Légion d'honneur,—il était chevalier depuis longtemps;—en vain la Société d'Agriculture lui décerna-t-elle une médaille en témoignage de reconnaissance, sa santé alla chaque jour s'affaiblissant, sa vieillesse devint chaque jour plus chancelante ; au mois de décembre il fut obligé de rester alité, et le 2 janvier 1853 il expira.

Le testament de M. Lair fut le complément de sa vie: il légua à ses concitoyens et aux établissements qu'il avait soutenus une somme de plus de cent mille francs, sans compter les livres, les tableaux et les objets d'art qu'il donna à la bibliothèque publique et aux musées, et dont la valeur est considérable.

Le vénérable M. Lair avait manifesté le désir d'être enterré dans le cimetière de Notre-Dame, sa paroisse, où reposent les cendres de son père et celles de ses grands parents. Il avait, en outre, recommandé à sa famille que son enterrement fût très-simple. Mais la douleur et la reconnaissance de toute une cité, de tout un département ne devaient pas, ne pouvaient pas tenir compte de ce dernier vœu du noble vieillard. Aussi les obsèques eurent lieu le 4 janvier avec une solennité toute exceptionnelle. Il fallait que cette cérémonie funèbre fût à la fois un hommage et un enseignement !

A la suite d'un clergé nombreux, en tête duquel marchait M. le curé de Notre-Dame, venait le char mortuaire décoré de draperies blanches à franges d'or. Les cordons du poêle étaient tenus par M. Desroziers, recteur, et président de l'Académie des Sciences, Arts et Belles Lettres de Caen ; M. de Caumont, membre correspondant de l'Institut ; M. Le Roy, préfet du Calvados; M. Bertrand, maire de Caen et président de la Société d'Agriculture et de Commerce. Le deuil était mené par plusieurs membres de la famille de M. Lair.

Derrière les membres du Conseil de Préfecture, dont M. Lair avait été le doyen, s'avançaient toutes les autorités de la Ville et du Département, — des fonctionnaires de tous les ordres et de tous les degrés,—une foule de négociants, de commerçants et d'industriels,— des gens du monde,—des artistes. — Pas un seul des membres des Sociétés littéraires, commerciales et agricoles dont s'honore la ville de Caen et qui doivent tant à M. Lair n'avait manqué à l'appel funèbre.

Dans le long parcours du convoi, au milieu des flots de la population, on voyait la douleur et le recueillement empreints sur tous les fronts. Ce n'était point seulement un deuil privé qui suivait ce cercueil, mais le deuil d'une grande cité.

Après les dernières prières de l'Eglise, M. Bertrand, maire de Caen, Président de la Société d'Agriculture, prit la parole et prononça un discours touchant que nous croyons devoir reproduire parce qu'il résumait à lui seul les sentiments de ses concitoyens :

« C'est à coups pressés que la mort frappe au milieu de nous. La tombe est à peine fermée sur deux des membres de la Société d'Agriculture et de Commerce, et voilà qu'elle s'ouvre de nouveau pour recevoir les restes mortels de celui qui en fut, pendant plus d'un demi-siècle, le secrétaire et l'âme. Si jamais ce fut un devoir pour le chef d'une Compagnie de payer un tribut de regrets à un confrère cher et honoré, c'est bien en ce moment où, en exprimant notre douleur, nous sommes l'interprète d'une cité toute entière.

« Celui que nous pleurons, Messieurs, a été l'un de ces citoyens rares et éminemment précieux, dominés de la passion du bien, doués de l'activité la plus intelligente et la plus constante pour le produire, et auxquels les conditions de leur existence ont permis d'être les bienfaiteurs de leurs concitoyens.

« Quel vide la mort de M. Pierre-Aimé Lair va laisser au sein de nos Compagnies, dont il était le vénérable doyen ! Qui donnera désormais à notre Société d'Agriculture et de Commerce, objet tout particulier de son affection et de ses soins, cette impulsion, cette vie, qu'elle devait surtout à sa direction et à sa munificence ? Et tant d'institutions en faveur de l'agriculture, du commerce et de l'industrie, dont il a été le promoteur infatigable, subsisteront-elles longtemps encore aussi prospères, quand il ne sera plus là pour les soutenir contre les obstacles si nombreux qui s'opposent à ce qui est bon ? Car il avait, au plus haut point, une qualité sans laquelle l'amour du bien peut lui-même être stérile : c'est cette constance opiniâtre à poursuivre ce que l'on croit utile à ses semblables, et aussi cette chaleur entraînante qui triomphe de l'indifférence, des hésitations, de l'égoïsme, et qui fait vouloir à un grand nombre d'hommes ce qu'un seul a conçu, ce qu'un seul a voulu.

« Le goût si prononcé pour les Beaux-Arts, que M. Lair montra, dès ses jeunes années, et qu'il conserva jusqu'à ses derniers jours, ce n'était point chez lui une jouissance frivole. Les arts étaient à ses yeux l'ornement de la vie, le lustre de l'État et de la Cité. Encourager les arts, c'était encore, pour lui, servir son pays ; c'était développer des talents qui eussent pu périr ignorés ; c'était empêcher l'artiste de subir des nécessités cruelles à côté de son œuvre. Ce n'est pas seulement par les expositions des produits des arts, dues à son initiative et à ses efforts ; ce n'est pas seulement par les tableaux dont il a enrichi nos collections, par les statues dont il a décoré nos monuments, que l'on pourrait apprécier comment il aimait les arts : il faudrait savoir combien de jeunes gens dépourvus de ressources ont dû à sa libéralité la carrière qu'ils ont parcourue avec honneur ; combien de fois il a arraché au besoin et au désespoir des artistes dont l'âme sensible et fière ressentait doublement les rigueurs de l'indigence.

« Mais quelle sorte de bienfaits cet excellent citoyen n'a-t-il pas répandus de tous côtés ? Quelles infortunes n'a-t-il pas secourues ? De quelle œuvre de bienfaisance n'a-t-il pas été, parmi nous, le premier auteur ou le plus généreux auxiliaire ?

« Quel est l'établissement charitable qui n'ait reçu des preuves de son amour pour l'humanité ? Et, non content de ce qu'il faisait pendant sa vie, ses dispositions dernières attestent combien il chérissait l'idée de répandre encore après lui des bienfaits nombreux et durables.

« Voilà pourquoi tous ceux qui s'occupent dans cette ville du soulagement des misères humaines déplorent, aussi vivement que les membres de nos Compagnies, la perte de celui qui leur donnait, à tout instant, le concours le plus empressé, le plus fructueux, le plus inépuisable. Voilà pourquoi la mort de M. Lair est véritablement pour la cité un grand malheur public, digne également des larmes de tous. Mais c'est pour nous surtout, qui avons joui de son intimité, qui avons connu tout ce qu'il y avait d'excellent dans son âme, que cette mort sera la source des plus douloureux regrets.

« Quelle gracieuse bienveillance pour tous ses collègues ! Quelle chaleur de sentiment et en même temps quelle sérénité, quelle égalité de caractère ! Combien il était ingénieux à saisir le côté avantageux des autres hommes, à faire ressortir leurs actions et leur mérite, à expliquer honorablement même leurs imperfections ! Quelle indulgente tolérance pour toutes les opinions consciencieuses ! En un mot, quelle inaltérable bonté !

« Ah ! ce n'est pas lui que nous devons plaindre. Puisqu'il est vrai que la tombe est pour tous le terme inévitable, nous aurions plutôt à féliciter celui dont la vie finit ainsi, pleine de jours et de bonnes œuvres, qui a joui largement des douceurs que procurent l'exercice de la bienfaisance et de la charité, le respect et l'affection de ses concitoyens, et qui, à son heure suprême, en paix avec son Dieu, s'endort du sommeil des justes, pour se réveiller au sein d'ineffables récompenses. Non, ce n'est pas sur lui que nous devons pleurer ; c'est sur nous-mêmes, c'est sur cette cité qu'il aimait d'un si vif amour, et où le temps seul pourra faire comprendre toute l'étendue de notre perte.

« Que ne puis-je lire, en ce moment, les pages où se révèlent, avec les dernières volontés de M. Lair, les derniers sentiments de son âme ! Elles seraient plus éloquentes que tous les discours. Ecoutez au moins les paroles, les cris du cœur qui les terminent et qui s'adressent à nous !

« Adieu mes collègues et mes compatriotes !

« Adieu mes bons amis !

« Arrivé au terme de ma vie, je la quitte en vous priant de « me tenir compte du bien que j'ai voulu faire et de me con- « server un bon souvenir... »

« Oui, vénérable ami, votre mémoire vivra toujours chère et respectée au fond de nos cœurs, et le souvenir de vos vertus sera comme un parfum dont la douce odeur nous invitera sans cesse à suivre vos traces. »

Ces paroles dites avec une véritable émotion produisirent une profonde impression sur tout l'auditoire ; elles furent suivies d'autres discours par MM. Eudes-Deslongchamps, doyen de la faculté des Sciences ; Desroziers, recteur de l'Académie, et Abel Vautier, membre du Corps Législatif. Chacun de ces orateurs semblait s'être inspiré de l'esprit de dévouement, de charité, de compassion pour les souffrances qui avait animé leur bienveillant collègue.

La cérémonie qui nous rassemble est une preuve que les sentiments que l'on exprimait sur la tombe de notre excellent compatriote sont toujours les mêmes. Nos regrets sont aussi vifs, aussi sincères qu'il y a six ans.

Nous éprouvons, toutefois, une consolation ; nous gardions dans notre mémoire le souvenir des vertus du respectable vieillard, ce buste, dû au ciseau d'un éminent artiste, dont les premiers pas furent encouragés par M. Lair, empêchera que désormais nous perdions le souvenir de sa personne.

Mélingue a tenu à nous rappeler deux fois Pierre-Aimé Lair : hier il accomplissait une œuvre de bienfaisance [1], aujourd'hui il nous retrace les traits de cet homme vénéré.

---

[1] Mélingue, auteur du buste de Pierre-Aimé Lair, est né à Caen : aussi grand comédien que sculpteur habile, il est venu jouer, le 7 mai, sur le théâtre de sa ville natale, son beau rôle de *Benvenuto Cellini*, et il a voulu que le produit de la représentation fût versé intégralement dans la caisse de la *Société des Dames de Bienfaisance de Caen*.

EXTRAIT DU TESTAMENT DE M. LAIR.

« Voulant exprimer ma volonté dernière et désirant concilier les intérêts de ma famille que j'aime tendrement avec l'intention de doter quelques établissements publics dans ma ville natale, qui a toujours été aussi l'objet de mon affection, j'ai fait le présent testament.

(Suivent plusieurs dispositions générales et particulières aux personnes de la famille et aux amis et serviteurs de M. Lair.)

« .... Après les legs qui concernent ma famille et les personnes qui m'ont rendu des services particuliers, je dois placer d'abord celui que je destine aux respectables Sœurs de la Miséricorde à Caen : ces saintes femmes qui, faisant une entière abnégation d'elles-mêmes, consacrent avec dévouement toute leur vie à soigner les malades. Je leur lègue six mille francs. Cette somme sera remise par ma succession, un an après mon décès, à M. le curé de la paroisse de Notre-Dame, supérieur de leur établissement, pour qu'il la place en rentes sur l'État.

« — Un de mes plus vifs désirs serait de voir former à Caen des *crèches* où sont admis les enfants des pauvres dès qu'ils naissent, et où ils reçoivent pendant la journée entière tous les soins imaginables sous la surveillance de personnes charitables, tandis que les mères se livrent avec sécurité à leur travail habituel. Je lègue, pour contribuer à la formation et à l'entretien des crèches à Caen, douze mille francs qui seront pris sur ma succession un an après mon décès et remis à M. le Maire ou aux Administrateurs qui seraient chargés de la direction de l'établissement des crèches, pour être placés en rentes sur l'État.

« — Une institution qui me paraît encore bien utile est celle des Salles d'Asile, réunissant et instruisant les enfants de l'ouvrier, et lui permettant aussi d'exercer librement sa profession et de gagner par son travail le pain de sa famille. Cette œuvre de charité est à Caen sous le patronage des Dames de Bienfaisance, dont le zèle ne connaît point de bornes. Voulant les seconder autant qu'il dépend de moi, je lègue aux Salles d'Asile de Caen un capital de douze mille francs pour procurer, à l'entrée de l'hiver, des vêtements aux enfants dont les parents sont les plus pauvres. Ce capital sera remis par ma succession, six mois après mon décès, à M. le Maire, avec prière de le placer en rentes sur l'État et de réclamer le concours bienveillant de ces Dames, pour l'achat et la distribution des vêtements destinés aux malheureux enfants.

« — Je lègue douze mille francs au Bureau de Bienfaisance de Caen pour faire apprendre un état à des enfants de dix à quinze ans, nés dans cette ville de parents pauvres et honnêtes, et, de préférence, à des orphelins. Je désire que ces places d'apprentissage soient accordées par MM. les Membres du Bureau, à la suite de concours annuels, à des élèves des écoles publiques élémentaires qui se seront le plus distingués par leur conduite et leur instruction.

« Cet apprentissage pourra durer trois ans en faveur des mêmes enfants, pourvu que, d'après l'appréciation des Membres du Bureau de Bienfaisance, ils continuent à se bien conduire, et qu'ils aient de bonnes attestations de leurs patrons. Ma succession paiera cette somme de douze mille francs au Bureau de Bienfaisance, un an après ma mort, pour être convertie en rentes sur l'État. Je prie M. le Maire et MM. les Membres du Bureau de prendre les mesures nécessaires pour que cette somme reçoive sa destination.

« Désirant seconder l'Administration Municipale de Caen pour empêcher les jeunes filles de mendier dans les rues, et considérant cet abus sous le double rapport de la moralité et de l'humanité, je lègue douze mille francs à la communauté de la Charité, établie à Caen, rue des Quais, dont la maison sert de refuge aux pauvres filles, et dont elles ne sortent qu'après avoir appris un état et contracté l'habitude du travail. Cette somme sera remise par mes héritiers, un an après mon décès, à la communauté, pour être placée en rentes sur l'État.

« — J'ai toujours porté un vif intérêt à la Colonie Agricole et Industrielle de M. l'abbé Leveneur, destinée à donner de l'instruction et à faire apprendre un état aux orphelins pauvres. Je lègue à cet établissement six mille francs. Cette somme sera payable par ma succession un an après ma mort. Si, par malheur, cet établissement cessait d'exister dans cet intervalle d'une année, la somme serait remise au Bureau de Bienfaisance de Caen, qui la convertirait en rentes sur l'État, pour faire apprendre un métier à d'autres enfants, et toujours de préférence à des orphelins et aux conditions indiquées dans un article précédent.

« — J'ai eu plusieurs fois occasion de remarquer que beaucoup de gens estimables étaient forcés de se faire traiter de leurs maladies à l'Hôtel-Dieu, hôpital à Caen, qui reçoit toutes les douleurs et sert de refuge à toutes les infortunes. Ces malheureux sortent de l'hôpital faibles encore dans leur convalescence, et ne sachant comment pourvoir à leurs premiers besoins, même à leur existence. Loin de pouvoir secourir leur famille, souvent nombreuse et dépourvue de tout, ils lui deviennent extrêmement à charge: je crois qu'un des plus grands services que l'on puisse rendre à l'humanité est de venir à leur secours lorsqu'ils sortent de l'hôpital, et il me semble que le meilleur juge de leur position et la meilleure dispensatrice des secours doit être Madame la Prieure de l'Hôtel-Dieu.

« Je lègue pour cet objet douze mille francs, qui seront remis par ma succession, six mois après ma mort, à MM. les Membres de l'Administration des Hospices, pour être placés par eux en rentes sur l'État. Les arrérages en provenant seront remis tous les six mois à Madame la Prieure pour recevoir leur destination.

« — Je reviens à l'établissement des Sœurs de la Miséricorde. Si, par une circonstance malheureuse, il venait à tomber dans l'intervalle de l'année de ma mort, la somme capitale de six mille francs que je lui destine serait versée par ma succession, un an après mon décès, au Bureau des Hospices, pour acheter encore une rente sur l'État et en remettre aussi, par semestre, les arrérages à Madame la Prieure de l'Hôtel-Dieu, qui en ferait l'emploi en faveur des personnes sortant de l'hospice, toujours les plus malheureuses. Je fais tout legs utile à cet effet.

« — J'aurais bien désiré pouvoir consacrer à chacune des Sociétés savantes et littéraires de la ville de Caen, auxquelles j'ai l'honneur d'appartenir, une somme suffisante pour fonder des prix; mais ces sociétés étant nombreuses, je n'ai pu satisfaire entièrement à mon désir, quelque vif qu'il fût; je me suis borné à offrir une somme de douze mille francs à l'Académie des Sciences, Arts et Belles-Lettres, et à la Société d'Agriculture et de Commerce de Caen, dont je suis un des fondateurs et auxquelles j'appartiens depuis cinquante ans; en conséquence, je lègue cette somme aux deux Sociétés pour qu'elles distribuent tous les ans des prix sur des sujets de littérature, d'agriculture et de commerce.

« Elles disposeront chaque année, et chacune à leur tour, à commencer par l'Académie, de la rente produite par les douze mille francs que ma succession remettra, un an après ma mort, aux présidents des deux Compagnies afin d'être placées par eux en rentes sur l'État. J'ai une idée trop avantageuse du bon esprit qui anime mes collègues, pour leur tracer un plan sur les sujets de prix à proposer. Il me suffit de leur recommander d'avoir toujours en vue l'intérêt public et l'honneur du nom normand.

« — Je lègue un capital de douze mille francs pour deux prix d'égale valeur à décerner annuellement à l'époque de Noël; le premier à la personne qui se sera fait remarquer pour la plus belle action d'humanité et de courage dans la ville de Caen: les pompiers sont compris au nombre de ceux qui pourront y prétendre. Il sera donné en argent ou en une médaille selon la volonté de celui qui l'obtiendra ; l'autre, que j'appelle prix de moralité, sera remis en argent ou en un livret de la Caisse d'Épargnes à une personne de Caen peu favorisée de la fortune, mais qui se sera distinguée par son amour pour le travail, sa tempérance, sa piété filiale, enfin par les soins donnés à sa famille. — Ainsi, le même jour, hommage sera rendu et à une belle et à une bonne action.

« Si, toutefois, l'on ne trouvait pas chaque année l'occasion d'appliquer le premier prix, la valeur en provenant serait reportée sur celui de moralité.

« Je prie M. le Maire et MM. les Membres du Conseil Municipal, juges naturels de l'application de ces récompenses, de se charger de l'exécution du présent legs : ils recevront de ma succession, six mois après ma mort, le capital de douze mille francs, pour être placé en rentes sur l'État.

« Je craindrais d'abuser de la bonté de M. le Maire et de MM. les Membres du Conseil Municipal pour tous ces placements, si je ne connaissais leur bienveillance et leur dévouement pour tout ce qui concerne la ville confiée à leurs soins.

« — Ayant toujours éprouvé, ma famille et moi, beaucoup d'attachement pour la commune de Bellengreville, et voulant en donner une nouvelle preuve à ses habitants, je lui lègue quatre mille francs pour contribuer à l'établissement et à l'entretien d'une Sœur de Providence ou de Saint-Vincent-de-Paul, destinée à former la première éducation des enfants des deux sexes, et occupée à panser les malades, et à leur donner des soins et des consolations.

« Si, contre mon intention et par une circonstance imprévue, une religieuse n'était point admise à diriger l'éducation des enfants, elle pourrait être remplacée par une institutrice connue par son instruction et sa moralité.

« Ces quatre mille francs seront fournis par mes héritiers, un an après ma mort, au Maire et aux Membres du Conseil Municipal de Bellengreville, pour acheter une rente sur l'État.

« Je charge particulièrement mon frère, qui, comme moi, a toujours porté un vif intérêt à la Commune, de l'exécution de cette partie de mon testament.

« — Le legs que je fais ne paraissant pas suffisant pour doter l'établissement, la Commune, qui jouit d'un revenu assez considérable, pourrait facilement compléter la somme nécessaire pour la pension de l'institutrice.

« Si, par un cas imprévu, le Conseil Municipal n'acceptait pas le legs, la somme resterait à ma succession.

« — Après avoir indiqué et fixé les legs qui forment la partie la plus importante de mes dispositions testamentaires, je passe aux simples legs qui constituent la deuxième partie de mon testament.

« Les membres de ma famille s'occupant peu de livres de science et particulièrement d'agriculture dont presque toute ma bibliothèque est composée, je la lègue à la ville de Caen, qui est dépourvue d'ouvrages agricoles.

« Les livres doubles ou jugés inutiles d'après l'avis d'une commission nommée par M. le Maire, seront vendus, pour la somme en provenant être employée à acheter de préférence des ouvrages de droit ou d'agriculture.

« — Je lègue à mon frère mes portraits de famille et trois tableaux peints par ma nièce, de Contamine. Mais je crois devoir donner au Musée de Caen, dans l'intérêt public, tous mes autres tableaux, dessins, plans, gravures, lithographies encadrées. Toutefois, je suis inquiet sur la destination future et le placement de cette collection assez nombreuse et en partie médiocre sous le rapport de l'art. Elle doit cependant intéresser mes concitoyens, parce qu'elle est composée d'ouvrages exécutés par des artistes, morts ou vivants, de la Normandie, particulièrement du Calvados, et que les sujets sont, pour la plupart, relatifs au Département et surtout à la ville de Caen.

« J'éprouverais bien des regrets si je pouvais penser que ces objets fussent relégués dans les greniers, comme c'est l'usage dans les villes où l'on est indifférent sur tout ce qui tient aux arts et sur ce qui concerne le pays.

« Qu'il me soit permis d'exprimer à ce sujet un désir, c'est que le projet conçu depuis longtemps d'abattre les cloisons de l'ancien logement de M. Elouis, pour le réunir aux salles du Musée, soit réalisé et que l'on y place toute ma collection de tableaux et de dessins, qui, je le répète, ferait peut-être un ensemble assez intéressant par la réunion nombreuse des vues des principaux monuments de Caen et du Calvados.

« Au reste, les cartes, les plans, les lithographies, les dessins et les gravures en portefeuille, les pierres lithographiques seront remis à la bibliothèque publique de la ville de Caen.

« — M. Dorcher, devenu propriétaire de l'hôtel de Segrais, rue de l'Engannerie, à Caen, y avait trouvé et m'avait donné une cinquantaine de portraits représentant les grands hommes du siècle de Louis XIV, que Segrais avait connus lorsqu'il demeurait chez la princesse de Montpensier. J'ai déjà remis au Musée les meilleurs tableaux de cette collection. Il m'en reste un certain nombre de médiocres, mais curieux par les personnages qu'ils représentent, je les lègue, comme tous mes autres tableaux, au Musée de Caen.

« — Je lègue encore à ma ville la statue, en pierre, de Malherbe que
Segrais avait élevée en l'honneur du grand poëte, dans le jardin de son
hôtel et qui m'a été donnée par madame d'Angerville. Cette statue n'est
point un chef-d'œuvre, mais elle doit offrir un double intérêt à nos compatriotes, tant par le personnage qu'elle représente que par celui qui l'a
érigée.

« — Je donne au Cabinet d'Histoire Naturelle de Caen les objets de ce
genre que je possède et qui seront, pour la plupart, d'un intérêt bien
faible au milieu de cette magnifique collection: mais j'ai moins la pré-
tention de faire un présent à la ville, que l'intention de donner un exem-
ple à mes concitoyens dans l'intérêt public.

« Les collections des particuliers, recueillies souvent avec peine et à
grands frais, pendant de longues années, sont dispersées à leur mort, au
lieu que les collections des établissements publics restent pour l'instruction générale des générations présentes et futures.

« — Je lègue à la Société des Antiquaires mes médailles et tous les
autres objets et débris d'architecture et de monuments trouvés à Vieux,
ou dans d'autres localités, que j'ai recueillis toutes les fois que j'en ai eu
l'occasion.

« — Je lui lègue aussi le Pouillé du diocèse de Bayeux, qui est en ce
moment dans les mains de M. Charma, bibliothécaire de la Société.

« J'ai chez moi une collection assez considérable de briques armoriées
provenant de la salle de l'Echiquier de l'ancienne Abbaye-aux-Hommes.
Je les ai recueillies autrefois afin de les préserver du pillage; mais je
n'oublie pas que je n'en suis que le dépositaire; je les mets donc à la disposition de M. le Maire et de MM. les membres du Conseil Municipal de
Caen, pour qu'ils en fassent l'usage qui leur paraîtra le plus convenable.

« — J'ai aussi en dépôt un buste colossal en marbre blanc de
Louis XIV, placé autrefois sur la cheminée de la grande salle de l'ancien
Hôtel-de-Ville, salle actuelle de la Bourse. Je n'ai pris ce buste chez moi
que pour empêcher sa destruction à une époque où tous les objets d'art
étaient exposés à être mutilés, comme l'avait été à Harcourt le groupe
de *Louis XIV et de l'Hérésie,* ouvrage du célèbre Coisevox, dont je possède
seulement les deux têtes mutilées.

« Le buste de Louis XIV sera rendu à la ville de Caen, et les deux têtes
du groupe d'Harcourt doivent être remises à la famille de Bauveau.

« — J'ai fait frapper, en 1815, une médaille en l'honneur de Malherbe.
J'en ai déposé les coins à l'hôtel des monnaies de Paris, le 25 janvier
1844, sous le n° 267 ; je les lègue à la ville de Caen, en la priant de donner,
chaque année, une épreuve, en argent, de cette médaille au jeune homme
qui remportera au collége le prix d'honneur de rhétorique. Je réclame

aussi de la ville d'autres épreuves, également en argent, pour les lauréats qui seront couronnés par l'Académie des Sciences, etc., de Caen, à laquelle j'ai fait plus haut un legs pour distribuer, tous les deux ans, des prix au concours.

« — Je ne dois pas oublier, avant de clore mon testament, d'exprimer le désir d'être enterré dans le cimetière de Notre-Dame, ma paroisse, où mon père a été enterré lui-même, et où reposent aussi les cendres de mes grands parents.

« Je recommande à ma famille que mon enterrement soit très-simple et qu'elle remette après mon décès, à M. le Curé de la paroisse, cinq cents francs pour les pauvres.

« Telle est l'expression de ma volonté dernière.

« Adieu, mon frère, ma sœur, mes neveux et mes nièces ; adieu, mes collègues et mes compatriotes ; adieu, mes bons amis !

« Arrivé au terme de ma vie, je la quitte en vous priant de me tenir compte du bien que j'ai voulu faire et de me conserver un bon souvenir. »

CAEN. — IMPRIMERIE DE E. POISSON.